Tabúes

del

arte

Psicología y anatomía del arte

Eric J. Lagarrigue

Diseño de portada: Eric J. Lagarrigue

© *Todos los derechos reservados*

Prohibida la reproducción total o parcial por cualquier medio sin la autorización escrita del autor.

Contenido

Prólogo 5
La naturaleza del arte 9
Límites de la subjetividad 21
Crítica: mirada y negligencia 33
El acto emocional y la percepción intuitiva 43
El arte oscuro 51
Técnica, arte y evolución 63
La convención universal 71
Ciencias estéticas 77

Juego con reglas estéticas, y uso el arte para encontrarlas...

Prólogo

Como uno de los grandes quehaceres humanos (la ciencia, la religión y el arte), su comprensión posee la facilidad para cambiar el destino de una raza.

Veo que la humanidad a veces piensa de este como un inalcanzable o dificultoso camino a seguir, que solo es ejecutado por aquellos llamados artistas, y que es difícil de describir en palabras.

He nacido en un entorno que ha pretendido calificar todas mis actividades desde una mirada técnica, poco creativa ni interactiva. Un entorno donde aquellos sujetos artistas, resultantes de una visión opositora, no comprenden el funcionamiento real del sistema en que trabajan. Por lo tanto es complicado desarrollar una perspectiva más amplia sobre la realidad de este mundo. Una que sea capaz de revelar lo indefinido del arte y censurar las vagas creencias impuestas por la escasez del conocimiento y de la imaginación.

Por suerte nunca crecí en dicho entorno, habiendo desarrollado mi adolescencia en uno más flexible.

En este libro pretendo exponer la importancia que tiene comprender el arte para nuestras vidas en sociedad y a la vez ampliar su definición actual.

La naturaleza del arte

En este primer capítulo indagaré sobre los orígenes del arte, pero en vez de iniciar desde un punto de vista histórico, el cual ya muchos conocemos, lo haré desde el psicológico.

En primera instancia el arte surge como una elaboración intelectual dentro de la mente de algún sujeto. Dicha elaboración no es preestablecida por el hombre ni por la presencia de lo natural, en otras palabras no es una copia exacta de algo, sino una copia manipulada por el intelecto. Siendo más preciso: una unión conceptual de varios elementos distintos.

Este resultado puede tener diversas finalidades como: estimular los sentidos, revelar consciente o inconscientemente un aspecto humano aún no descubierto, motivar a algo o simplemente entretener.

El arte no es necesariamente un producto físico perpetuo (una pintura, una escultura, etc.), puede también ser una ópera o baile espontáneo que definen un evento como arte, un videojuego elaborado en digital, y hasta incluso el mismo proceso mental que he mencionado antes y no puede ser valorado por no tener una manifestación en el mundo real. ¿No es arte cuando una persona imagina un mundo antes de plasmarlo en un libro?, la diferencia entre la conceptualización y la realización se encuentra mayormente en la técnica, pues cuando ya hemos elaborado el diseño a seguir en nuestra mente, lo que resta es seguirlo, concretar una técnica de lo que antes fue arte. Por lo tanto considero que la definición de arte podría tener un mejor rendimiento si se la tratase como un proceso de elaboración mental en vez de: una capacidad/habilidad o actividad humana a través de recursos plásticos, lingüísticos o sonoros, o conjunto de reglas –según la RAE–, pues sobre todo este último, es referido a la técnica y no al arte. En estas circunstancias las palabras imaginación/creatividad y arte son casi sinónimos.

A partir de ahora me referiré al arte en términos psicológicos y sociales. Por lo tanto los objetos y eventos artísticos pueden ser tratados como un hallazgo científico y criticados como tal.

Con esta definición como una base, ahora puedo adentrarme en un concepto más profundo que les guiará por el resto de este libro.

En el origen del universo no solo pudieron haberse establecido las reglas de la física (el comportamiento de las partículas y su interacción), sino que eso también crearía las futuras apreciaciones que los objetos con vida tendríamos al interactuar con la naturaleza, lo que nosotros podemos conocer como reglas estéticas. ¿Entonces es lo mismo una regla de la física que una regla estética?

La diferencia entre ambas se encuentra en nosotros, pues no existiría arte sin alguien que pueda dotarle de dicho valor. Nuestra interpretación de la naturaleza es lo que nos ha dado las herramientas para encontrar y estudiar la belleza de nuestro mundo.

El problema es que estas reglas estéticas son tan infinitas como las variables de nuestro universo, imposibilitando a un solo hombre del hecho de conocerlas a todas. Además, por lo general se encuentran en un nivel de comprensión más elevado que su contraparte científica, pues como lo dije antes, el arte proviene del efecto de la naturaleza sobre una mente racional, y hay que estudiar ambos para comprenderlo en su totalidad.

¿Pero de qué forma la naturaleza está ligada con el arte?

Simple, a través de su presencia esta rige nuestra anatomía, nuestro comportamiento, nuestra manera de percibir y de expresarnos. A continuación describiré con ejemplos algunas conexiones entre la naturaleza y el arte como lo conocemos.

La gravedad de nuestro planeta: Un comportamiento de la naturaleza que ha determinado la proporción de cada animal según sus necesidades; un enano o un gigante no son tan complacientes al ojo como lo sería un humano bien proporcionado, el arte y la supervivencia ante esa naturaleza están ligados como también el gusto y el arte.

Si analizamos el arte culinario en una cultura costera y la comparamos con un pueblo en las montañas, descubriremos diferencias notorias en su producción; con el tiempo también descubriremos diferencias en el gusto. Quizás un habitante de la montaña no pueda desarrollar un paladar apto para apreciar un marisco. Por ello, los gustos de varias culturas, separadas geográficamente, pueden resultar distintos entre sí, pero esto no significa que el arte sea subjetivo. Simplemente que sus bases estéticas son desiguales pues disponen de elementos naturales distintos, que a la vez fomentan hechos históricos distintos con sus consecuentes situaciones sociales. Y a la vez, el gusto es desarrollado por medio del acostumbramiento a esas condiciones naturales y sociales.

Entonces, si el arte que estoy teorizando en este libro es objetivo, ¿la mayoría de nosotros somos pésimos haciendo arte?

Es difícil estar actualizados o disponer de toda la información en el momento que ejercemos el razonamiento creativo. Los conocimientos que se disponen no siempre dependen de uno mismo, claro está, teniendo en cuenta las limitaciones humanas. Como el caso particular de una persona cuando comienza a desarrollar interés por la cultura de una región lejana, pronto se dará cuenta que estos conocimientos no le sirven para interactuar con su propio medio y perderá interés. Y en gran medida esta persona tiene razón, porque de nada sirve si extraemos información codificada en un acto de rebeldía, si no tenemos los medios para aplicarla o siquiera comprenderla. Por ello es que la moda del conocimiento es importante en una sociedad, aunque sea distinta en cada estrato donde se desarrolle.

Es muy cierto que el arte se nutre del conocimiento. La subjetividad yace en la ignorancia del sujeto. Para poder apreciar una obra artística, solamente en su aspecto emocional, debemos estar informados y/o acostumbrados a su contexto. Inversamente: la obra de arte, para poder ser vendida a un público masivo, debe tener un buen balance entre la predictibilidad y la variabilidad. Pues muchos somos capaces de apreciar ambos extremos, como por ejemplo una pieza musical cuyos movimientos se repiten una y otra vez durante una hora (predecible), o un videoarte donde todas sus imágenes no tengan una relación directa (variable), haciéndonos difícil de poder interpretar un patrón o un sentido en él. Pero el problema con ambos extremos es que el primero conduce una mente hacia el aburrimiento y el segundo hacia la frustración.

Para mí es muy importante llegar a esta conclusión, pues de esa forma es posible comparar el arte con la ciencia: una búsqueda del conocimiento a través del razonamiento y no solo de la mímica. Donde la ciencia estudia la realidad y el arte los efectos de la misma.

¿Entonces qué es el arte?

Es el proceso y es el resultado de la manipulación de información que interactúa entre sí, dentro de una computadora sensitiva que recurre consciente e inconscientemente a las reglas estéticas halladas en su entorno.

¿Por qué inconscientemente?

Todas nuestras percepciones y emociones, sean instintivas o generadas por la experiencia, provienen de nuestra interacción con la naturaleza y el entorno. No es imposible pensar que un razonamiento creativo pueda ser influenciado por estos factores humanos, es más, sucede mayormente a pesar de que el sujeto posea un gran conocimiento técnico.

¿Por qué conscientemente?

Por lo general es el artista quien recurre conscientemente a las reglas estéticas que hemos desarrollado y descubierto. Pues la esencia de su deber es conocerlas.

Todos recordamos el círculo cromático que alguna vez nos enseñaron en la escuela junto con su combinación de colores, en ellas, alguien puede decir que el negro y el marrón quizás no sea lo más adecuado, si esta persona tiene algo de experiencia reconocerá que esto no es así en todas las situaciones, siendo pues una sentencia exclusiva para casos muy particulares, como por ejemplo una vestimenta formal. Tanto como el artista que combina los colores, como el técnico que inventa una regla estética en base a su obra, y como la madre que recomienda no combinar el pantalón negro con los zapatos marrones, no sabrían explicar con exactitud porqué esto queda mal, simplemente lo saben, lo sienten, lo sentimos todos en mayor o menor medida. ¿Y por qué no?, si todos nos originamos del mismo universo que nos ha provisto de esas leyes, nuestro funcionamiento debe ser similar para nosotros poder adaptar su comprensión.

Podríamos decir que si tuviéramos todos los conocimientos del universo y los introdujéramos en una gigantesca computadora, capaz de realizar las combinaciones requeridas, tendríamos como resultado la muerte del arte, al menos para aquellos miembros de la comunidad que dispongan de esa información. Sea o no esto posible, es cuestionable, pero es una situación teórica que nos ayuda a comprender los límites de aquello a lo que consideramos arte.

Aunque por ahora para nosotros el arte tiene la ilusión de ser subjetivo, mientras el arte real se esconde bajo la misma naturaleza de las cosas, esperando a que un objeto viviente pueda interaccionar con él. Este conjunto de interacciones son a las que llamamos «cultura» y producen, o no, objetos artísticos.

Límites de la subjetividad

Cuando creamos un objeto o evento artístico y pensamos en él como un elemento a ser difundido, este tendría que tener una utilidad dentro de nuestra sociedad. Desde un precioso sofá ergonómico hasta una película cuyo propósito sea entretener o inspirar a un número de gente, el arte debe adaptarse a la proporción y a la capacidad de apreciación humana. Con esto me refiero a que nuestro arte está anclado a los límites de nuestras percepciones, tales como la vista: si fuésemos descendientes de murciélagos quizás no tendríamos una cultura visual como la nuestra. También aferrado a la cultura, a aquello que naturalizamos. No podríamos incorporar nunca un lenguaje desconocido a los actores de una película sin tener que añadirle subtítulos, así como tampoco una ideología que no corresponda a un determinado sector social. Puede haber excepciones como un protagonista asesino, en cuya historia podemos deducir que su sed de sangre, es saciada tras eliminar asesinos que logran eludir la justicia, tal como se aprecia en la serie norteamericana Dexter (2006), que se aprovecha de nuestros defectos individuales, tales como la venganza.

Mientras avanzamos en la investigación nos daremos cuenta de que hay límites más imperceptibles. La lectura de una obra artística puede exigir en mayor o menor medida el uso del intelecto, y así cuando nos ofendemos al ser subestimados en nuestras habilidades al recibir una misión o prueba demasiado fácil, también podemos ofendernos cuando un simple garabato se hace llamar por sí mismo una obra de arte — y no me refiero al concepto de *La Fuente* de Duchamp—, su simplicidad artística, aunque arte en fin, logra ofendernos. Simplicidad artística es referida en este texto como a la misma simplicidad, no a la complejidad de simplificar (síntesis). Una ofensa también puede manifestarse cuando presenciamos un trabajo inconcluso en comparación a sus obras previas, u obras similares de otros autores pertenecientes al mismo arte, o al mismo género del mismo arte. Además podemos distinguir una ofensa cuando el autor nos trasmite una información que reconocemos como una mentira. Ejemplo: como todos saben, hay dinosaurios en el centro de la tierra.

A la vez, todo aquello que no podemos comprender por cuestiones de complejidad, se convierte en aburrido, en tedioso, y hasta incluso hacernos sentir incompetentes. Esto puede darse debido a una falta de síntesis o una redundancia en un concepto muy complejo.

¿Esto significa que debemos someter nuestras obras al coeficiente del público?

A menos que esto sea referido a filtrar el contenido por edades, sí. De lo contrario estaremos fallando con una responsabilidad de nuestro trabajo: no desinformar y no maleducar. No exijo en el arte público la supremacía intelectual, pero si solo admitimos la información que proviene de nuestra cultura, estaremos propagando la desinformación, y maleducando la estructura mental para que luego seamos incapaces de apreciar otras artes, debido al acostumbramiento tan fuerte que nos ha dado. Excluyo de mi crítica negativa a cualquier situación tecnológica que se entrometa en la producción del arte para potenciar sus cualidades, al mismo tiempo que convierta a otras en obsoletas, como se ha dado en la transición de la narración: de escrita a imagen, de imagen a imagen móvil, de imagen móvil a imagen interactiva (libro, cómic, video, videojuego). Pues la manera de apreciar un mismo tipo de arte cambia con la tecnología, con las necesidades y con los aspectos culturales. A veces dando más herramientas a los artistas para expresar su contenido con una mejor calidad, y aproximarse a una mayor cantidad de espectadores.

El humano es lo suficientemente inteligente como para apreciar el arte, aunque no tanto para comprenderlo en su totalidad. Si determinamos una obra por el intelecto de nuestro público podríamos caer en el error de subestimarle e igualar el su contenido con los conocimientos y cultura que este posea en su núcleo social, haciendo a la misma cada vez más predecible.

Esto sucede por ejemplo: cuando observamos una obra cuyos componentes creativos son escasos, desvalorizando así las millones de opciones que el azar y la vida nos pueden otorgar, produciendo en el espectador alguna sensación de malestar causada por el bajo esfuerzo intelectual del autor.

Las telenovelas, donde por lo general encontramos un guion sintético y repleto de elementos trillados, situaciones convecionales y esperadas por su espectador, sin mencionar otros defectos como la poca creatividad en el posicionamiento de la cámara y en la puesta de luces debido a su forma de producción. ¿Nosotros lo consumimos? Sí... ¿Pero es el intelecto de un latino tan diferente al de un norteamericano? No, y sin embargo, sus producciones de series superan en calidad cultural a las novelas, siendo que algunas tienen hasta menor presupuesto que ellas. Lo que dije es solo con un afán descriptivo, para demostrar que no importan los arraigos culturales del público para medir su capacidad intelectual.

El arte, como lo he descripto hasta ahora, no es subjetivo, pero para poder llegar hacia él, la mente intelectual se retuerce bajos sus propias limitaciones hasta reconocer un concepto estético. Y es esto a lo que llamamos subjetividad, al conjunto de normas humanas, al conjunto de experiencias naturales, sociales, individuales o colectivas que nos hacen progresar en el arte en la ciencia y en la técnica.

Por supuesto, el arte como un quehacer sí es subjetivo, así como la mayoría de nuestros procesos mentales. Pero lo importante ahora es reconocer hasta dónde puede llegar alguien con su subjetividad, al momento de vender una obra de arte. Ya sabemos la influencia que tiene la naturaleza sobre nosotros pues estamos acostumbrados a ella, y crecimos con las herramientas de percepción necesarias para nuestra supervivencia. Cualquier información que no sea compatible con los instrumentos de percepción no podrá ser categorizada como un arte —espectáculo de luces ultravioleta—. El artista debe ser un intermediario entre la naturaleza y la realidad de su entorno.

Pero dentro de nuestra realidad hay otras limitantes que debemos reconocer. Una de ellas puede ser el manejo de la información: Saber qué decir, cuándo decir y cuánto decir.

Todos los elementos nos pueden decir algo sobre algo, si observamos en la calle un reloj con una correa desgastada de cuero sobre la muñeca de una adolescente, podemos asumir que el elemento pertenecía a un pariente difunto y que esta muchacha lo posee como amuleto o recuerdo; el espectador no solo puede distinguir cada elemento en una obra de arte, sino también interrogarlos, deducirlos. Si son presentados al mismo tiempo habrá una escala de importancia. Si el artista expone información incompetente a la lectura de la obra, se generará en el espectador una sensación de contradicción, parecida a cuando trabajamos con un personaje culto, pulcro y adinerado, y manipulamos su entorno con paredes manchadas por la humedad.

Podríamos concluir en una pequeña fórmula como: la relevancia de información es igual al tema o propósito principal de la obra.

Cuando en una narración inauguramos una estética, una moral entre los personajes, un evento, etc. que no corresponde al relato o a la misma realidad del entorno, cometemos el error de imponer nuestra subjetividad por encima del compromiso con el tema. Si el artista piensa que: hacer arte proviene de su interior, está muy equivocado.

El arte no tiene un dueño y es el quehacer más comunitario que existe. Proviene de la honestidad y se nutre de la experiencia y de la técnica, de aquello que ya fue descubierto y que se pretende mejorarlo.

Esto no solo actúa en las artes compuestas o narrativas, como el cine, los videojuegos, y la literatura, este fenómeno afecta a cualquier obra a la que se le pueda incorporar algo de subjetividad. Imagine que en un auto de carreras, el diseñador, con el afán de manifestar un modelo extravagante, perjudique la conducción del mismo, el piloto que estuviese por manejar dicho auto pensaría que lo están engañando.

Si funciona, es porque hay patrones estéticos que podemos reconocer en eso que hemos construido, incluso si no es fruto de una elaboración artística. ¿O acaso no hay belleza en un engranaje?

Por último, y para dar variedad al tema del uso de la información en el arte, mencionaré el caso de la película *Inside Out* (titulada *Intensa-Mente* en español).

Durante una escena donde un padre alimentaba con brócoli a su bebé, esta se enfada y lo rechaza. Para muchos puede ser algo natural, pero en Japón, donde la mayoría de los niños aman esta comida, el mensaje no se entendería de igual forma. Resultado: el brócoli fue reemplazado por pimiento verde.

Disney está acostumbrado a realizar cambios en sus películas a la hora de presentarlas en diversas culturas. Esto es debido a que reconocen muy bien el hecho de que nuestras experiencias y conocimientos locales definen la interpretación de un mensaje. Y como se trata de niños, no pueden arriesgarse a asumir que todos los niños del mundo viven y conocen lo mismo.

Aunque de adultos se tratase, todos tenemos un límite. Y del promedio, el realizador deberá sacar sus propias conclusiones. Repito: esto no está relacionado con las capacidades intelectuales, solo culturales y ambas no deben ser confundidas.

Crítica: mirada y negligencia

Con el fin de profundizar en la subjetividad del hombre, he realizado un análisis de sus apreciaciones sobre el arte, basadas en las teorías expuestas en capítulos anteriores.

La mirada de un sujeto tiene diferentes posturas sobre un evento u objeto real o abstracto, a grandes rasgos, puedo afirmar la existencia de una **mirada racional**, una mirada ignorante y una mirada tradicional.

La primera recurre a métodos de comparación muy estrictos, evaluando elementos que sean similares entre sí, dependiendo de la cantidad y amplitud de la experiencia del individuo, esta mirada podrá desarrollar una mejor comprensión de la obra. Aún bajo la carencia de conocimientos específicos, el sujeto puede realizar comparaciones de muy lejana proximidad sin que estas pierdan su relación, o también ejecutar cientos de comparaciones al mismo tiempo, con el fin de generar nuevos conocimientos en reacción a la obra que presencia. Así como un granjero que se ve obligado a comprar una avioneta fumigadora, y sin conocimientos de aeronáutica, puede hacer comparaciones con sus propias necesidades, y por más alejadas que estas parezcan, le ayudan a concretar su compra. Esta capacidad provee al portador de una excelente visión para la crítica, tanto ajena como personal, y podrá afectar positivamente el arte de éste en el caso de que se dedique a ello.

En la **mirada ignorante**, por otra parte, el sujeto está desprovisto de la experiencia, de los conocimientos, o de la capacidad de hacer una correcta comparación. No está acostumbrado a percibir y analizar los determinados flujos de información que la obra provee.

De tal forma es incapaz de distinguir con precisión los significados, los patrones y las cualidades de un objeto o evento artístico. Esta mirada es la más común encontrada en las personas, pues la ignorancia es algo que se aloja hasta en el más sabio de los hombres, y juega un rol de cómplice con aquellos realizadores que venden una obra al público sin haber realizado un trabajo de investigación previo, o con la intención de distorsionar la información de nuestra realidad, por alguna razón estética válida, o simplemente por el amor al perjuicio, lo cual genera aún más confusión sobre un tema particular en aquellos que lo ignoran.

Tercera mirada: **la tradicional**, el observador está convencido de que la información que posee para ejercer una mirada es de total veracidad, pero nunca se ha comprobado por experiencia científica. Una mirada religiosa o prejuiciosa son ejemplos claros. El quehacer de esta mirada va más allá de la falta de conocimiento, sino al deseo por ser ignorante. Participar en una discusión con una mirada tradicional suele resultar en vano y poco lucrativo. Su capacidad de comprensión es tan limitada que suelen adherirse a la primera técnica que experimentan, y por lo general no acostumbran a retener conocimientos artísticos o científicos, que puedan considerarse válidos de alguna forma. Todos tenemos el derecho de imaginar y de creer en lo que queramos, pero no tenemos el derecho de malinformar a los demás.

Crítica

Como lo he dicho anteriormente, el arte se da con la unión conceptual de dos o más elementos, por lo tanto la complejidad del objeto artístico se verá determinada por la cantidad de elementos combinados y por la intensidad de la síntesis aplicada en el proyecto. Esto dependerá de la capacidad cognitiva encargada de resumir la información, en esencia, puede ser arte, pero generalmente es manejado a nivel neuronal desde un aspecto técnico, repetitivo, aunque los valores entrantes sean variables, el proceso de manipulación de información es aplicado de igual forma y dependerá de la estructura cerebral de cada sujeto. Este proceso de tecnificación podemos hacerlo con cualquier elemento estético, en parte es por ello que algunos nos desempeñamos mejor en un arte que en otro.

Una escala para medir la calidad en una obra podría no ser tan complicada de realizar después de todo, sería la técnica suprema de la crítica artística. Pero la complejidad y la síntesis no son los únicos elementos que juegan un papel al momento de la crítica, sino también el tema, las convenciones y recursos humanos que intervienen para apreciar la obra, el compromiso moral, etc.

El tema suele determinar el punto de vista de partida que el espectador ejecuta durante su apreciación. Con tema me refiero a género, argumento, concepto a desarrollar, etc. Este no puede ser blanco de una crítica por sí solo, pues no existe una regla natural que prohíba al artista expresarse en un tema particular, aunque lamentablemente esto si haya ocurrido con algunas reglas sociales.

Pero ahora es cuando sucede algo curioso: la relación del tema con la propuesta estética de la obra. Los recursos estilísticos empleados producen un efecto de placer o displacer dignos de una crítica más allá de un gusto personal. Esta relación puede no ser siempre directa a fin de producir efectos emocionales distintos en el espectador. Por ejemplo, una relación directa sería: arco y flecha, y una relación indirecta podría ser lluvia y flecha o agua y fuego.

Una relación indirecta se caracteriza por su carencia de obviedad, ser más difícil de interpretar, o que por sus cualidades opuestas sea evidenciada su conexión.

Por lo general en el arte se manipulan relaciones indirectas, pues las relaciones directas provienen de dos o más objetos que fueron analizados colectivamente y acordados como una convención. Por lo tanto es una técnica, no un arte. Su repetición y mal uso puede aburrir y generar desprecio. Ejemplo: lo que consideramos trillado.

¿Entonces qué es lo que puede criticarse de una relación indirecta dentro de una elaboración artística? ¿Qué es lo que puede fallar?

Muchas veces los artistas cometemos el arrebato de relacionar dos objetos que creemos tienen relación por alguna hazaña de la estupidez mental, pero estos no la tienen, o el grado de distanciamiento es tan elevado que el espectador no podría captarlo en un tiempo de apreciación razonable. Cebolla y pescado, ¿qué relación pueden tener estos elementos que alguien pueda apreciar con brevedad? Millones si se piensa demasiado, la primera que pensé fue en que ambos huelen raro en un determinado punto de su existencia. Pero... ¿es realmente una unión conceptual mediante la cual el espectador podría sintetizar en una verdad no ambigua?, ¿y qué relevancia tiene esta relación para el tema principal de mi objeto artístico? Para algunos quizás sea el ceviche, pero tienen que conocerlo.

Existe una delgada línea entre relación y desconexión, el cerebro humano puede percibirlas inconscientemente apoyándose en la experiencia.

En el arte, donde existen imposiciones de pareceres, las relaciones también son impuestas y suelen afectar al espectador si este no puede percibir lo que el autor concibió.

¿Pero qué sucede con las convenciones, los recursos de apreciación humana (los sentidos) y la moral? El proceso es similar al anterior: si el espectador no está de acuerdo a la manera en que la obra fue presentada siente el displacer de una imposición, o en algunos casos, la impotencia, por ejemplo: una pintura que sea presentada para una persona ciega. El artista está obviamente delimitado por los sentidos y conocimientos humanos (aclaro que esto ya ha sucedido en algunos museos donde la descripción de la obra fue escrita en braille).

Poner la banda sonora de una película por encima de los volúmenes normales como propuesta estética, resultaría en una disconformidad por parte de los espectadores.

Trabajar una idea en el cual el color verde signifique advertencia podría no ser interpretada de manera correcta en este mundo si no se tiene una buena fundamentación.

Por último, la moral. Para que una imposición no sea percibida como tal, el arte debe adaptarse a la moral de la región, teniendo en cuenta que la moral es un arte y puede ser tanto positivo como negativo para el progreso de la raza humana. Por ende siempre se debe no solo adecuarse en la comodidad de lo cotidiano, sino también proponer una mejora a ello.

Estos elementos que he expuesto son todos dignos de una crítica basada en una lógica de categorización o calificación, donde la mayor puntuación es la solución que pueda brindar una información innovadora, artística-científica, sin molestar al intelecto humano y ajustándose a las percepciones impuestas por la fisiología.

Las soluciones a un problema estético son muchas, y pueden ser tan válidas una como cualquiera de ellas. No es solo el arte lo que juzgamos de una obra, también la técnica hallada en su interior: Los conocimientos del autor y su capacidad intelectual para reconocer nuestras necesidades.

El acto emocional y la percepción intuitiva

A continuación expondré las dos características humanas que definen la base de la percepción del arte, no están involucradas directamente con la experiencia o los conocimientos, se manifiestan como las capacidades mecánicas e instintivas de un sujeto.

La primera es **el acto emocional:** aquel momento de interacción entre los sentidos y la interpretación al admirar, contemplar, apreciar, meditar, reflexionar, imaginar y observar algo.

Durante la interpretación, esta puede ser retroalimentada por medio de los conocimientos, pero es cierto que hay reacciones preestablecidas en cada humano que nos limitan o redirigen nuestros gustos, y estas dependen en gran medida de las experiencias que tengamos.

El acto emocional depende estrictamente de los sentidos humanos, pero el hombre no se limita a la vista, al tacto, al olfato, al gusto y a la audición como muchos creen. Existen innumerables de ellos, y la mayoría no pueden ser percibidos en la simple apariencia física. Uno de estos sentidos ocultos es la inteligencia. Así es, cualquier herramienta que permita al ser humano apreciar su entorno puede ser considerada como un sentido. El juicio es una manera de apreciar la vida. La inteligencia emocional, espacial, corporal, etc., nos ayudan a experimentar con mayor tenacidad el mundo exterior, por lo tanto puede decirse que es información adicional siendo interpretada por nuestro cerebro, como un programa de una computadora.

¿Alguna vez escucharon de alguien decir que el día está melancólico, siniestro, calmo, ansioso, alegre o pesado? Ese es el momento en que el acto emocional reacciona ante una determinada situación climática y la describe con su propia percepción.

Por lo tanto, si la sociedad pretende evolucionar en el ámbito del entretenimiento, debería considerar que el espectador posee el sentido de la inteligencia. Y de esta manera hacer que el mero entretenimiento no se confunda con el arte del entretenimiento.

La percepción intuitiva es algo totalmente diferente, yace en los instintos estéticos de un sujeto, que en realidad no son artísticos en sí, pues son reglas ordinarias o convenciones, pero ayudan a generar objetos que sí pueden ser artísticos. Un ejemplo es la simetría. Aún en el siglo XXI he escuchado a personas (a las que yo considero como intelectuales) decir que una figura simétrica es más complaciente para el ojo y además «es más bella». Lo primero puede ser afirmado, pues así como muchos deseos instintivos, la simetría fue algo que nos ayudó en la supervivencia de nuestra raza, dado que en la fisiología es sinónimo de salud, y en la arquitectura de estabilidad. ¿Pero es acaso todo lo simétrico estéticamente superior a lo que no lo es?

Por lo general un buen ojo suele apreciar la belleza también en la funcionalidad. Un auto no solo es bello por el exterior de su carrocería como lo es un humano solo por su aspecto físico. Una espada no es solamente bella por su brillo descomunal y su silueta de obelisco. Pero ocurre algo sorprendente con un arma en particular: la katana, una espada de conocimiento popular, de un solo filo y curvada hacia el dorso. ¿Ese aspecto realmente tiene una ventaja sobre el corte? He estado investigando y descubrí que es tan pobre la diferencia que no ofrece una ventaja relevante, ni al ser desenvainada, ni al cortar a un oponente.

¿Entonces por qué es así? Mi creencia y la de muchos otros, es que es probablemente sea por una función estética. Si hablamos de una espada recta de un solo filo, puede verse «raro» que la silueta de la hoja no coincida con la punta afilada hacia atrás, como lo es el caso de un sable. Motivo por el cual la katana pudo haber sido curvada para compensar la dirección de esa línea imaginaria trazada por el filo de la punta.

¿Pero acaso es la katana más estética que el sable no curvo? Solo son dos piezas de metal. El humano se engaña así mismo con la intuición y con la ignorancia, asumiendo que esa diferencia estética provee de alguna ventaja.

Esto demuestra que la percepción de la belleza en la funcionalidad puede ser engañada con facilidad, y depende de la inteligencia y conocimientos del observador el descifrar la verdad de la obra.

Una vez escuché una frase que me dejó pensando durante varias horas: «Para entender de arte se debe saber de arte». Al principio me repugnó oír algo así, pero la realidad es que es algo cierto. De la misma manera que un ingeniero en aeronáutica puede ejercer una crítica óptima en un Messerschmitt Bf 110, avión de la Segunda Guerra Mundial, pudiendo reconocer los recursos y tecnologías disponibles en la época, en el país, detectar las fallas en sus componentes, etc. Un crítico de arte o un mortal con conocimientos competentes puede hacer lo mismo con una obra de arte, y son estos procedimientos los que nos entretienen durante la exposición de la obra. Aclaro que en ningún momento he descalificado las propiedades artísticas del Bf 110, pero mi ignorancia respecto al tema me impide deducir qué aspectos de su creación fueron desarrollados con un razonamiento creativo, por lo tanto mi experiencia ante ese objeto será disminuida, sea o no en parte un producto artístico, pues sabemos que en gran medida fue un producto científico.

Como una breve conclusión a ambos conceptos, puedo decir que el acto emocional se refiere al uso emocional de la experiencia para la elaboración de un juicio, mientras que la percepción intuitiva se vale del instinto y de los conocimientos. A pesar de sus diferencias sabemos que ambos interfieren en la percepción sensorial, y por ello los he reunido en este capítulo.

El arte oscuro

Sin duda el término «las artes» se ha aplicado con mejor precisión que aquél referido al arte, pero ello no significa que haya sido abordado con la intensidad que merece. Nos hemos referido a las artes para describir el conjunto de quehaceres que exigen al humano el uso del arte. En este capítulo pondré en cuestionamiento si el uso de este término es acertado en todos los casos, y si es acertado en la forma en que lo tratamos actualmente.

Si pensamos un poco descubriremos que la mayoría de las cosas en la vida pueden ser optimizadas mediante el uso del arte, incluso aquellas que no son consideradas como tal. Esto es algo que el hombre debería de tener en cuenta, pues si delegamos todas nuestras habilidades a nuestros conocimientos y técnicas, estaríamos anulando nuestras capacidades creativas y por defecto el arte que pueda generarse a través de ello. Podría parecer ineficaz su uso a nivel científico, pero ha sido nuestra capacidad deductiva/creativa la que ha traído la ciencia desde el Olimpo hasta la tierra.

¿Entonces cuáles son las artes reales? La respuesta es toda aquella actividad que el hombre no haya convertido en una técnica. El arte progresa al igual que la ciencia, hay especialidades, hay conocedores, hay ignorantes, hay conocimientos de moda y conocimientos en desuso.

Esto no significa que el hombre sea capaz de capturar, distinguir y propagar cada regla estética en el universo, pues como he dicho anteriormente dependemos de nuestros sentidos, es poco probable que logremos desarrollar, como raza, la cantidad de sentidos necesarios como para apreciar cada variable universal. Al menos no mientras sigamos procreándonos en estos cuerpos.

Por último, no todos los objetos producidos bajo la tutela de un arte pueden ser considerados objetos artísticos, dado que dicho objeto debe provenir de una unión conceptual de elementos para ser llamado como tal. En muchas ocasiones presenciamos obras que tienen un grado de mímesis que superan o extinguen el proceso creativo. Para aquellas que nulifican completamente el trabajo artístico y se publicitan o no como verdaderas obras, su calificación es fácil de distinguir, en esencia, son artesanías, trabajos técnicos diseñados generalmente para la venta y/o difusión de la cultura. Esto no quiere decir que el realizador no haya ejercido algo de razonamiento creativo durante el proceso de creación, pero su obra no puede ser calificada de la misma manera ya que ha empleado conocimientos ajenos para hacer una réplica de lo que alguna vez fue un arte. Reconocer algo así dependerá obviamente de nuestros conocimientos. No es tan difícil engañar al espectador y hacerle creer que su producto es único.

Pero en el instante de definir aquellas obras que apenas rasgan la superficie del arte, es cuando el hecho se manifiesta engañoso, pues aún conservan el derecho de llamarse obras artísticas.

El arte es la búsqueda incesante de la perfección. El humano lo promueve en el afán de encontrar su propio placer, reviviendo aquellos momentos, buenos o malos, pero que su solo recuerdo produce una satisfacción inspiradora, relajante, intensa, melancólica, empática, hasta incluso perturbadora. ¿Pero qué ocurre cuando el arte va más allá? Cuando desvincula las emociones con el deseo de bienestar y de progreso. ¿Podemos seguir llamando arte aquello que va en contra de nuestra cultura, pero que aún conserva la originalidad bajo un proceso de realización creativa? Eso ya lo hemos decidido en sociedad y la respuesta parece ser un sí.

Así como la dualidad de un niño que a veces comete una travesura y a veces se comporta bien, o la hipocresía de un adulto ante determinadas situaciones, en el desarrollo del arte se pueden generar tendencias contradictorias y masoquistas.

Con esta idea pretendo diferenciar dos tipos de artes únicamente por la calidad de las emociones que estas evocan en el espectador.

El morbo, el intento de persuasión agresiva, la subestimación intelectual, son conceptos que pueden ser perfectamente manipulados dentro del arte. Pero he decidido denominar toda actividad estrictamente relacionada a ello como **arte oscuro**.

El kitsch y el camp, dos conceptos bien conocidos en el ámbito del arte que en síntesis se manejan con lo vulgar y lo trillado, «arte» popular y copia de inferior calidad. Por sí solos pueden ser considerados también como una expresión del arte oscuro, pues ayudan a maleducar el gusto. Si desconoce de ambos términos le invito a hacer una búsqueda sobre las teorías de la industria cultural de Adorno y Horkheimer.

Pero no toda obra que incite una emoción negativa puede ser categorizada de esa manera, un ejemplo claro son las montañas rusas (descontrol) o una película de terror (miedo). Pues muchas de ellas están allí para crear una simulación o una experiencia, que a lo largo podrá mejorar las virtudes del sujeto que las presencie. Y nuestro cerebro lo sabe, por ello nos vemos atraídos al peligro, al desafío, al borde del caos, se llama evolución.

Por otro lado también pueden ser usadas con el propósito de reforzar el verosímil de la obra, sin necesidad de atraer una emoción despreciable. Este caso podemos comprenderlo al analizar *Alien: el octavo pasajero* (terror-ciencia ficción). La historia que se pretendió narrar forzó a que los hechos sucedan de esa manera y con esa estética, independiente de su género. Lo importante no era solo asustar al espectador, pero sí contar una historia con determinadas premisas, aprovechando al máximo el potencial del cine.

Comprendo que algunos pueden no experimentar con placer este tipo de artes; en lo personal detesto la sensación que me produce una montaña rusa, pero esto no quiere decir que la obra no pretende otorgarnos una experiencia emocional buena y positiva, siempre hay excepciones o impedimentos físicos, culturales o de carácter informativo que nos impedirán disfrutar de una obra.

Por otro lado, el arte oscuro puede insultar indirectamente al espectador, a través de la subestimación de sus capacidades intelectuales, ejemplo: la híper-redundancia de elementos impuestos para «aclarar» un tema, o la desconexión de información histórica en una obra que se proclame históricamente precisa. A su vez, busca priorizar la producción de emociones inestables y poco placenteras para cualquier humano, como usar el recurso de la desesperación para vigorizar la tensión, esperando que de esta manera se incremente el suspenso o algún otro elemento narrativo.

El tercer y último insulto que el arte oscuro puede realizar, es la naturalización de actos morales inapropiados para el progreso general de la raza humana. No ha de confundirse la naturalización con la exposición: si el héroe o el villano asesina miles de personas, nos da igual porque sabemos que uno hizo el bien y que el otro el mal. Un acto comienza a naturalizarse cuando este es presentado como algo que cualquier individuo en el planeta podría realizar en cualquier momento sin ser cuestionado o perturbado, y además no forma parte de una propuesta estética visible para el espectador, como lo es el género de la comedia en algunos casos. Hay excepciones cuando la sátira es mal ejecutada, por ejemplo: cuando no está dirigida al núcleo cultural correspondiente o cuando su originalidad es vulgar, podemos ver estas ejecuciones en la película *Relatos Salvajes* (2014).

Este es el mayor problema que tiene el arte en nuestro mundo, debido a que suele pasar inadvertido; como una carie, puede introducirse en la sociedad lentamente, y desgastarla hasta que esta se rompe en su andar. Es capaz de desarraigar la cultura de una región, de trasplantarla por otra, y de modificar los valores y la moral de la región para mal.

Uso el cine como un ejemplo pues es más fácil distinguirlos en un arte de predominio masivo y cuyas bases sean narrativas. Pero tenga presente que los elementos como la subestimación, el morbo y la naturalización de actos, aunque no sean intencionales, pueden ser manipulados por cualquier arte e impactar negativamente a un grupo de espectadores.

¿A qué me refiero con impacto negativo? A cualquier efecto que nos produzca emociones autodestructivas como la depresión, estados mentales como la búsqueda de la ignorancia o la vagancia física y mental, cualquier deseo por dañarse a uno mismo o a los demás, sea de manera física o mental, etc.

Estas acciones anti-evolutivas pueden no significar mucho si son aplicadas en unos cuantos, pero recuerde que el arte no es elaborado, criticado y distribuido para un solo sujeto.

Aunque por otro lado hay algo de lo que no he hablado aún: Un tipo de arte que no es negativo pero que tampoco cumple muchas cualidades para convertirse en una obra pública.

Llamamos arte experimental a aquel que solo busca innovar y no se preocupa por un balance entre predictibilidad y variabilidad. Pero para poder ser más inclusivo en mi definición, aquí lo llamaré como **arte crudo**.

¿Qué sucede con el arte que no tiene una raíz fuerte en las percepciones y culturas humanas? Un bebé cuando siente el impulso por expresar en el papel lo que sea que tenga en su cabeza, puede que esté realizando arte, uniendo la poca cantidad de elementos que este tiene registrados en su memoria. Estos elementos tienen una escasa relación con la cultura humana debido a la poca experiencia del infante y están desprovistos del deseo de complacer los sentidos de otros humanos, pues este ni siquiera los tiene completamente desarrollados. Por escasa que fuere esa relación, sabemos que no pueden provenir de ningún otro lado que no sea de nuestra cultura.

El bebé fue un ejemplo, pero este tipo de arte puede persistir incluso en un adulto. Es un arte desinteresado, que no forma parte del arte oscuro y raramente produce una sensación satisfactoria en otro humano, pero generalmente sí en aquél que lo ha concebido, pues es la única persona que comprende su propio lenguaje.

Todos hemos realizado arte crudo alguna vez en nuestras vidas. Los artistas lo usamos para experimentar con nuevos conceptos y luego adaptarlos a la apreciación general. Por ello acontece el nombre de arte experimental.

Técnica, arte y evolución

«El arte no evoluciona» es lo que una profesora de Historia del arte me dijo una vez, pero yo dispongo del pensamiento opuesto. El arte puede evolucionar de la misma manera que lo hace la ciencia: a través de la experiencia con la técnica, a través de aquello que alguna vez fue comprendido como arte y luego capturado como un aprendizaje, a través de la mirada y la comprensión colectiva y a través de las tecnologías que nos permiten crear nuevas artes, nuevas técnicas, y nuevos sentidos.

Afirmar que arte no evoluciona es como afirmar que la ciencia no evoluciona. Las reglas de nuestro universo ya existen, sin embargo es por medio de nuestra experiencia que podemos darle significado a la evolución.

El hombre no deambula por la vida omitiendo los rasgos estéticos que le rodean, se ve afectado consciente o inconscientemente por todos ellos: la naturaleza, la técnica, la ciencia, y el arte. ¿Pero qué sucede en nuestras mentes cuando hay una interacción con un objeto que consideramos tiene una estética?

Hay varios pasos que dependen de ciertas capacidades intelectuales del sujeto. El primero es la retención conceptual del elemento estético, este paso no solo se vincula a la habilidad de memorizar, sino a la capacidad de comprender elementos conceptuales: vaca igual a: manchas/blanco y negro. El segundo paso es la comparación con otros elementos: vaca similar a caballo. La capacidad de interrelacionar los elementos dependerá de la inteligencia creativa, de la experiencia y los conocimientos del sujeto.

Como resultado habrá un juicio emitido que dictará temporalmente la apariencia emocional y/o las a propiedades físicas del objeto, sin necesidad de usar ninguna herramienta de medición precisa. Si usted es estrictamente un jinete, probablemente hará una comparación similar a la siguiente: vaca similar a caballo, vaca tiene piernas cortas, vaca tiene cuerpo muy grande, muy pesada, inútil para correr, inútil para montar, vaca igual a ridículo. Por supuesto que un granjero o un citadino tendrán conceptos y comparaciones diferentes ya que tendrán experiencias, conocimientos y acostumbramientos distintos.

Posteriormente puede suceder la experiencia directa con dicho objeto, esta no solo ajustará las opiniones técnico-estéticas, además las vinculará entre sí: si hablamos de un material barato como lo es el plástico usado en los televisores o monitores actuales y lo comparamos con aquél hallado en los televisores obsoletos, podríamos decir que el primero es mucho más bonito, ¿esto es solo porque refleja mejor la luz?, sí y no, la respuesta real es porque tiene la capacidad de poder brillar o no, deducimos por ello que es de mejor calidad a la vez. No solo hemos confundido la belleza con la calidad, sino también en viceversa. Y como dije antes la inteligencia del sujeto complementará con mayor o menor detalle dicha percepción sobre el objeto.

Regresemos a la vaca y veamos qué sucede con el jinete si está perdido a la mitad de una pradera junto con ella. Se preguntará: ¿Entonces para qué sirve? Puede transformar alimento que yo no puedo consumir, y producir alimento que si puedo consumir. Entonces la experiencia con el objeto ya es distinta, cambian las emociones, la crítica es distinta pues ahora su aspecto físico tiene sentido, y lo que antes fue ridículo para él ahora puede significar hasta ternura.

Entonces... un objeto artístico recibe crítica constantemente por medio de su uso práctico dentro de la sociedad, y por este mismo proceso es que el sujeto y la raza deciden descartar elementos estéticos que no se adecúen a la lógica de la sociedad moderna, prevaleciendo los que sí. Es posible que en muchos casos se hayan perdido elementos no dignos de olvidarse, y también es posible que en tal sociedad moderna se desarrollen otros elementos que por lo contrario sean dignos de olvidarse, comúnmente traídos por la moda o una tendencia. Lo cual no es nada malo, experimentar es siempre bueno, sobre todo cuando existe la facilidad de ingresar nuevos objetos al mercado global constantemente. Eso significa que el humano nunca dispondrá de una estabilidad estética u optimización técnico-estética hasta que hayamos logrado la imposible utopía.

Pero lo cierto es que existe una superioridad en nuestra comprensión del arte, tanto para los artistas como para la gente que no se dedica a ello, en comparación con los humanos que vivieron cientos de años atrás. ¿Por qué?, porque tenemos más experiencia con la naturaleza, y podemos retroalimentarnos de los objetos ya existentes para crear otros nuevos y más complejos, que además tengan un funcionamiento técnico o cultural superior.

La técnica sirve al arte más de lo que el artista común aceptaría. Es difícil comprender una obra de arte que esté consolidada solo por la mera extracción de las reglas del arte, sin propósitos humanos prácticos o emocionales. La cultura, la fisiología y la experiencia humana construyen gran parte de la técnica dentro de una obra. Recuerden que la técnica de la que el arte estudia, alguna vez fue arte: Alguna vez alguien pudo haber pensado que un televisor pudiera existir para exhibir imágenes en movimiento y obra, aunque no haya tenido la capacidad ni las herramientas para construirlo, este pensamiento ciencia-ficción-filosófico habría sido un arte.

Colectivamente hemos hallado nuevas reglas estéticas, nuevas herramientas para crear arte, nuevos sentidos para apreciarlo, lo que me permite afirmar que el arte, dentro de su definición humana, si es capaz de evolucionar.

El límite evolutivo de un objeto artístico es el propósito óptimo del mismo, por ende, el objeto está ligado con su uso práctico. Artes tan primitivas como la pintura o la literatura fueron alterándose dramáticamente desde su origen hasta la actualidad a favor del practicismo: actualizando su contenido a las situaciones y tecnologías sociales, mezclándose en un comic, incorporándose en una animación, etc.

Cuando un espectador con una disposición de tiempo limitada decide seleccionar un tipo de obra a contemplar, ¿cuál creen que elegiría si dentro de esas opciones se hallan: un libro, una historieta o cómic, una película o un videojuego?; todos sobre la misma temática. No contestaré esa pregunta pues sería un gran «DEPENDE». Depende del gusto, de la costumbre, del tiempo disponible, etc. Además es un tema muy difícil de debatir.

Un maestro de animación me dijo: «¿Por qué harías dibujo estático cuando tienes a tu disposición las herramientas para hacer animación?», ¡y es cierto!, ¿por qué lo haríamos? Con el paso del tiempo factores como el dinero y la facilidad en las herramientas van a impactar cada vez menos sobre los autores. ¿Entonces habrá artes perdidas?, la respuesta breve es sí, la humanidad ha abandonado muchas artes que dejaron de ser prácticas para la sociedad moderna de la época, y no es algo malo, ignorarlas quizás si lo sea.

La convención universal

Una convención en el arte es aquel elemento o conjunto de elementos, que por su persistencia histórica en un amplio grupo social, recibe el reconocimiento del espectador y del realizador, permitiendo que esta rija como una ley estética bajo condiciones determinadas, como lo es un género. Esta ley puede interactuar con otras, por ejemplo: cuando unimos dos géneros o dos historias (crossover) en una misma obra y estos comparten las lógicas de ambos mundos.

Las convenciones nos sirven para facilitar la producción y la distribución de las obras, pero en ocasiones estas pueden limitar el desarrollo creativo. Por ejemplo: afirmar que todo lo que forma parte de un museo de arte «es arte», de una manera excluyente al arte callejero, es parte de un prejuicio y a la vez una convención que ha perjudicado la producción de obras.

El problema surge cuando una visión ignorante o maliciosa pretende instaurarse en la mente de cada espectador por medio de la insistencia, reduciendo su percepción de la realidad a través del acostumbramiento.

Existe una sola convención de la cual todos los individuos de este planeta y de cualquier otro mundo podrían comprender, y esa es nuestra realidad, no una categorización por género, una moral, un prejuicio o un parecer. Quizás sea por ello que los géneros más ajenos a ella sean menospreciados con mayor frecuencia por un público «serio», tales como la ciencia ficción o la fantasía. Pero eso no significa que estos estén alejados a la realidad, pues en el caso de la ciencia ficción: su nivel de relación con la misma le otorga una mayor calidad por su verosimilitud. En la fantasía ocurre lo mismo, pero su verosímil proviene estrictamente de las reglas internas del relato.

Y algo más curioso... aquellas obras de arte más realistas, no son portadoras de una mayor calidad solo por el hecho de serlas, sino que pierden un alto nivel de desarrollo artístico conforme se aproximan a la realidad, pues lo preexistente es una herramienta de la técnica, no del arte. Pero de alguna manera el artista debe transmitir el mensaje para que su obra funcione.

¿De qué forma uno podría mantenerse por debajo de una convención y por encima de nuestra realidad?

Hay infinitas maneras de introducir elementos artísticos en una obra que aparenta ser realista: un anacronismo, una ausencia o presencia de elementos narrativos que no pertenezcan al resto en nuestra realidad, etc. Con ello no estoy diciendo que la verosimilitud de una obra deba de romperse, pero puede jugar un rol más creativo que solo la mímica.

Las pinturas de Kandinsky, por ejemplo, cumplen un rol de abstracción muy importante. Aun así, podemos distinguir reglas y patrones del relato que nos está contando, y en gran medida estas reglas tienen una relación con la composición del color y de la forma en sus aspectos psicológicos, y con el juego de la predictibilidad y la variabilidad que hablamos en capítulos anteriores; donde algunos elementos de sus obras pueden ser más o menos predecibles; la manera en que nosotros los consideremos dependerá, como siempre, de nuestros conocimientos.

Pero si un concepto estético controversial se implementa, este se opone a la realidad que el objeto artístico impone, no a nuestra realidad. ¿Qué pasaría si en un mundo donde fragmentos de tierra flotasen suspendidos en el aire, y sus escombros cayesen al vacío de forma natural? Aunque sutil, es contradictorio a una regla ya instaurada, quizás científica o fantasiosa, pero impuesta por la obra. Si esto no se explica mediante algún mensaje puede que el espectador lo considere como un error.

¿Entonces a qué podemos llamar **convención universal**? Simplemente a aquellos elementos que a pesar de estar ligados a una cultura, no forman parte de una visión unilateral de la realidad. Que a su vez esta mirada proviene del estudio de la realidad: de la naturaleza y de nuestra naturaleza humana: la anatomía cultural, física y psicológica (de las deducciones lógicas que podamos realizar de todos estos elementos).

Ejemplos son: el rojo como representación del peligro, sea porque vivimos en la naturaleza y tenemos contacto con animales venenosos o el fuego, o porque vivimos en la urbe y hemos adoptado esas reglas en las señales viales.

El azul como representación de la calma, pues el cielo es un elemento omnipresente, acostumbrarnos a él fue una necesidad aunque este no simbolice algo. Opuesto a la noche, donde la oscuridad, lo negro y la sombra son sus manifestaciones que representan lo desconocido.

Ciencias estéticas

Las bellas artes: tal como son conocidas en la actualidad dentro de un sistema educativo, portan un nombre muy curioso y hasta redundante, o incompleto si se ha considerado las definiciones en este libro.

Redundante pues es obvio que, si en el estudio de del arte se indaga sobre la mirada del hombre dentro de una realidad, y si es el hombre quien considera lo que es bello, entonces estamos ante un sinónimo.

E incompleto porque la belleza es solo una de las tantas herramientas de las que dispone un artista. Sería lo mismo que decir las siniestras artes, pues sabemos que no solo se enseñan las bellas artes.

Comprendemos como belleza a aquellas cosas que nos producen un placer a través de nuestros sentidos. Y si decimos que las interpretaciones que damos a la información proveniente de los mismos difieren entre sujetos distintos por razones culturales, por supuesto que la belleza es subjetiva.

Aunque la definición de belleza en el arte puede ir en ambos sentidos: arte igual a belleza, belleza igual a herramienta estética, prefiero no usar la primera puesto que implica una aclaración redundante o una descripción desnutrida, pues existen muchas maneras de adjetivar una obra además de decir «se ve bonito».

A continuación un breve ejemplo para demostrar la ubicación de la «belleza» en una obra de arte:

España, siglo XVIII. En un mercado callejero una vendedora cae al suelo por detrás de su pútrido expositor. Levanta su torso mirando a los cielos. Grita de agonía. Sujeta ambas piernas, sudorosas y ensangrentadas.

Corta el cordón umbilical y empuja al crío con un pie sin que nadie pudiese verlo. Se levanta aturdida para recibir a su próximo cliente...

Si han sospechado de donde procede este texto los felicito, han visto la película *Perfume*, y esta es mi adaptación literaria de un fragmento de la primera secuencia: El parto de Jean-Baptiste. Para quienes aún no vieron la película les invito a buscar el fragmento en internet.

Por supuesto que no hay belleza en nada de lo que se muestra en esa secuencia, todo lo contrario: el autor ha optado por usar la mayor cantidad de elementos grotescos en la introducción de su película. Pero estos elementos que por sí solos no hacen arte, en conjunto tienen el potencial para crear poesía en la narración.

Entonces podemos encontrar belleza, no en los elementos usados para crear una obra, pero si en la manera en que los empleamos para transmitir un mensaje.

La belleza no es sinónimo de arte en este caso, ¿pero que lo sería? Los realizadores tenemos nuestros términos, pero describir todas las emociones que ese fragmento puede habernos producido no es una tarea fácil. Nuestro idioma no se somete a la subjetividad de nadie en particular. Pero a veces podemos hallar palabras para describir sensaciones que todos, o la mayoría, podemos comprender y experimentar con facilidad, como por ejemplo la felicidad, aunque sabemos que esta no significa lo mismo para todos. Incluso sabemos que los objetos y los eventos que nos hacen felices van cambiando con el tiempo. Pero entendemos a lo que nos referimos con ello. Sea porque pertenecemos a la misma cultura o al mismo contexto, porque podemos compararla con la nuestra o porque tenemos los conocimientos suficientes como para deducir e imaginar lo que representaría la felicidad para aquella persona.

Mientras razonaba sobre la antropología del arte, me he dado cuenta que el término «ciencias estéticas» podría ser más adecuado para denominar nuestro campo de estudio.

El arte, así como la ciencia, puede ejercer el mismo método científico: observar, cuestionar, investigar, teorizar y experimentar con las herramientas disponibles, analizando el resultado con un criterio crítico, descartando o apropiando elementos para llegar a una conclusión, si la mayoría de estos son descartados el proceso vuelve a repetirse.

A diferencia de la ciencia, la precisión no es tan importante en el uso del arte, esto es debido a que nuestros instrumentos sensitivos biológicos no son tan demandantes como los que ha producido la tecnología a lo largo de los años y que la ciencia moderna los requiere para avanzar.

Y como he dicho antes: la ciencia estudia la realidad, produciendo resultados veraces, y el arte los efectos de la realidad, produciendo resultados ambiguos pero igualmente veraces.

www.ingramcontent.com/pod-product-compliance
Lightning Source LLC
Chambersburg PA
CBHW071417220526
45469CB00004B/1320